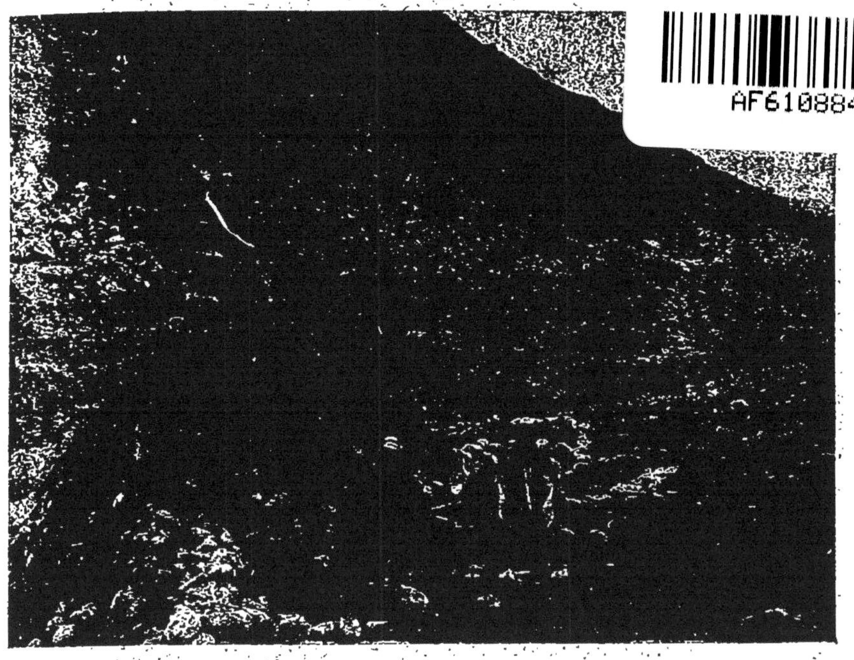

CABANE D'INDIENS DU PÉROU.

LES RÉGIONS DE L'AMAZONE

I

L'Amazone (1), que les Brésiliens appellent la Méditerranée américaine, est, pour l'abondance des eaux, le plus grand fleuve du monde. Sa longueur atteint près de 5,000 kilomètres (2), et son bassin forme une immense plaine dont la superficie a plus de 7 millions de kilomètres carrés (plus de treize fois la France). En certains points de son cours il s'étale sur 2,500 kilomètres de largeur, ailleurs sur 5,000. Sa profondeur varie de 75 mètres à 500. Des Andes, où sont ses sources, à une altitude de 2,000 à 4,500 mètres, il descend à l'Atlantique sous les noms de Marañon (partie supérieure du fleuve), de rio dos Solimões (à partir du confluent de l'Ucayali jusqu'au confluent du rio Negro), d'Amazone (depuis le confluent du rio Negro jusqu'à la mer), grossi par de nombreux tributaires dont les plus considérables sont l'Ucayali, le Napo, le Yuvari, le rio Negro, le rio Madeiro, le Tapajos, le Xingu. Comme la mer, il a des tourmentes pendant lesquelles ses vagues se dressent à une hauteur

(1) Voir sur l'Amazone : Élisée Reclus, *Revue des Deux Mondes*, 15 juin 1862; Rafael Reyes (*Bulletin de la Société de géographie de Paris*, 1876, t. II); Paul Marcoy, *Voyage de l'océan Pacifique à l'océan Atlantique* (Hachette); Santa Anna Néry, *Le pays des Amazones*; Marcel Monnier, *Des Andes au Para* (Plon, Nourrit et Cie); Schultz-Holzhausen, *Der Amazonas* (Herder, Fribourg, 1895), un des meilleurs écrits sur l'Amérique équatoriale et principalement sur l'Amazonie péruvienne.

(2) Le Missouri-Mississipi et le Nil sont plus longs.

effrayante, une marée remontant jusqu'à 1,000 kilomètres et déterminant à l'embouchure un raz formidable appelé *pororoca*.

Le fleuve, véritable mer intérieure, creuse sur son parcours une série ininterrompue d'endentations qui constituent des ports naturels, où steamers et voiliers sont à l'abri des grands naufrages. Le sol qui borde ses eaux et celles de ses affluents est d'une richesse merveilleuse. On a comparé tous ses bassins à une forêt vierge dont les arbres, par leurs essences, leurs fruits, leurs gommes, leurs écorces, leurs graines, pourraient donner lieu à une exploitation presque inépuisable.

Cette luxuriance de végétation, favorisée par des conditions climatologiques qui devraient attirer les immigrants et stimuler la colonisation, n'est guère mise à profit. Dans cette contrée où il n'y a qu'une très courte saison de pluies (d'octobre au commencement de janvier) et où, le reste de l'année, particulièrement sur le bas Amazone, le ciel est splendide, l'air rafraîchi par la brise de mer, où les cours d'eau sont tous navigables, rendant ainsi les transports faciles, les Européens ont jusqu'à ce jour fait de rares tentatives d'établissement. « Un empire, écrivait il y a plus de trente ans Agassiz, pourrait se dire fortuné s'il possédait seulement une des sources d'industrie qui abondent dans cette vallée. » Et cependant cette abondance pourrit, inutilisée, ne formant que du limon! Les habitants souffrent de la faim, faute de denrées alimentaires, et sont incapables de s'en procurer, par manque d'initiative et de travail. Les villes, prétendues telles, les villages se trouvent séparés par des distances énormes (175 à 240 kilomètres), et sur ces traversées, qui durent souvent plusieurs journées, on rencontre à peine de loin en loin quelques agglomérations de huttes occupées par des aborigènes errant par petites tribus dans les forêts et sur les rivières, en quête de pâture. Ces tribus, qui se comptent par centaines, n'ont qu'en des rencontres imprévues des relations entre elles, et les voyageurs qui les ont visitées en ces trente ou quarante dernières années les dépeignent sous les traits de la plus primitive barbarie.

Ces Indiens de l'Amazone ou de la Montaña (région boisée) appartiennent ethnologiquement à trois souches : les Tupis ou Guaranis (des frontières de la Guyane au rio de la Plata et de l'estuaire des Amazones au delà du rio Negro), les Omaguas, qui passent pour les plus intelligents et se reconnaissent à leur tête en forme de mitre; les Pano, qui comprennent tous les naturels des bords de l'Ucayali, du Huallaga, du haut Marañon : Conibos (1), Senis, Remos, Cactubos, Sétébos, etc. Il faut y ajouter les tribus péruviennes proprement dites ou Quichuas : Antis, Chunchos, etc., présentant entre elles de grandes différences de mœurs; les unes sont d'une nature féroce, indomptable, tuant pour tuer et mangeant leurs prisonniers; les autres, au contraire, plus civilisables, se rapprochent des établissements, des missions, avec qui elles trafiquent.

Au milieu de ces sauvages vivent dans des centres plus ou moins peuplés des Français, des Allemands, des Anglais, des Américains du Nord, qui se groupent pour exploiter les forêts de caoutchouc ou pour tirer parti de la fécondité du sol, mais il reste encore bien des territoires amazoniens où aucun Européen n'a pénétré.

(1) Voir spécialement sur les *Conibos*, dont il sera longuement question plus loin, l'article de Saint-Cricq dans le *Bulletin de la Société de géographie de Paris*, 1853, t. II.

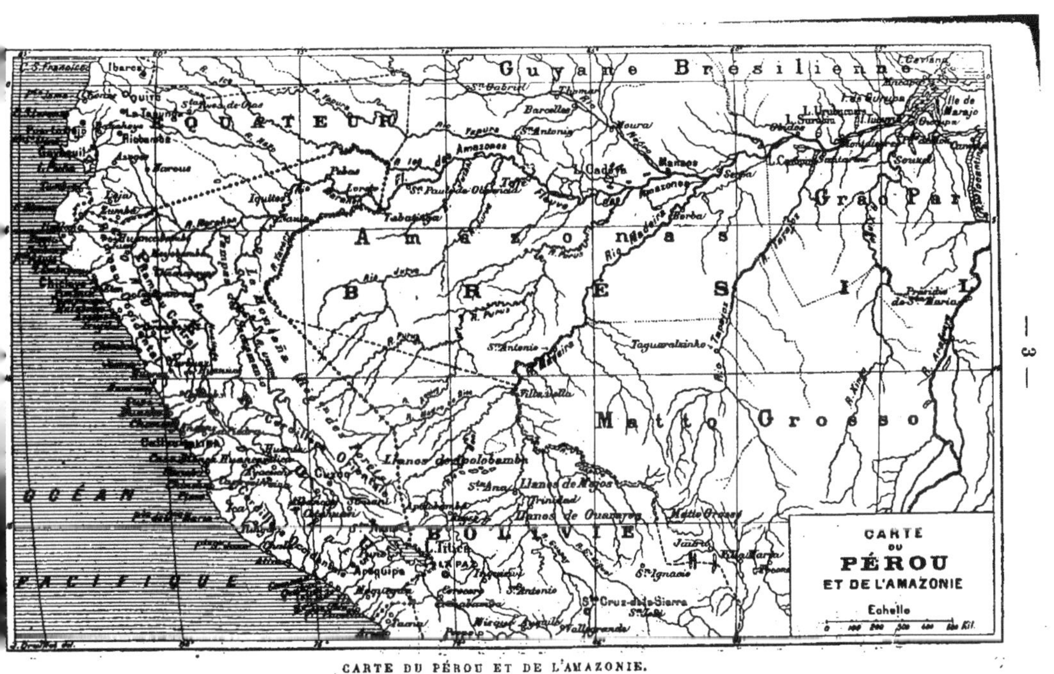

CARTE DU PÉROU ET DE L'AMAZONIE.

II

Pourtant le bassin de l'Amazone a été exploré dès le commencement du seizième siècle. Les conquistadores, les chercheurs d'or, les pionniers sont venus là bientôt après la découverte de l'Amérique. Vincent-Yanez Pinzon, le hardi compagnon de Colomb, touche en 1499 (ou en 1500) à l'embouchure du fleuve, sans le reconnaître. Quarante ans plus tard, c'est Orellana, descendant au Napo, après avoir trahi et abandonné Gonzalo Pizarre, le frère du conquérant du Pérou (1). Puis, c'est Pierre de Ursua, tentant de refaire le voyage d'Orellana, et assassiné par son lieutenant Aguirro, qui, bientôt après, est massacré lui-même par les Indiens. Un demi-siècle s'écoule alors sans qu'il soit question en Europe de l'Amazonie. En 1637, les missionnaires espagnols reprennent la tache. Pedro de Teixeira les accompagne. Un de ces religieux, Christobal de Acuña, recteur de l'Université de Cuença, fait, à son retour en Espagne, la relation de ce qu'il a vu et la publie (Madrid, 1614) ; mais Philippe IV, craignant que ses rivaux n'aillent s'emparer de ces trésors mystérieux révélés à la convoitise des rois, fait détruire l'ouvrage. Il faut, pour que la science géographique réalise de sérieuses conquêtes dans ces domaines lointains, attendre jusqu'au commencement du dix-huitième siècle. En 1707, un missionnaire allemand, le P. Fritz, qui avait séjourné quinze ans sur les bords du Marañon et avait parcouru toute l'étendue du fleuve, en dresse la carte. Mais le premier à qui revient réellement la gloire d'avoir initié le monde savant à ces découvertes est un Français, La Condamine. Membre de la commission chargée de mesurer un degré terrestre pour déterminer la figure du globe, l'illustre astronome choisit l'Amazonie pour champ de ses travaux. Sa relation et sa carte aplanissent toutes les difficultés du problème (1744). Il ouvre la voie aux investigations. A dater de ce moment elles se succèdent en rivalisant de zèle : Humboldt (1799), Spix et Martius (1819-1820), Maw (1827), Pœppig (1832), Smyth (1837), le prince Adalbert de Prusse (1842), le comte de Castelnau (1847), Alfred Wallas et Walter Bates (1848-1859), Herndon et Gibbon (1851-1853), Saint-Cricq, écrivant sous le pseudonyme de Paul Marcoy, (1848-1860), Rich. Chandless (1861-1864), Avé-Lallemand (1859), Biard (1858-1859), Agassiz (1865-1866), Orton (1867-1875), Keller-Leuzinger (1875), Crevaux (1878-1879), Charles Wiener (1879-1882) (2), Olivier Ordinaire (1885), Marcel Monnier (1886), Palacios Mendiburu (1893), Richard Payer (1896-1897).

III

En 1862, sur la rive gauche du fleuve, dans la boucle délimitée au sud-ouest par le confluent de l'Ucayali avec le Marañon, et au nord-est par le cours de l'Iça, le gouvernement péruvien fonda la « Commandacia

(1) Voir le tableau très mouvementé de cette expédition dans l'ouvrage de Marcel MONNIER, *Des Andes au Para* (Plon, Nourrit et Cie).

(2) Voir Samuel PALACIOS MENDIBURU : Conférence sur la région du fleuve Amazonas lue devant la Société géographique de Lima (Lima, 1894).

general » de Iquitos, nom de la tribu indienne occupant le territoire. Neuf ans auparavant, il avait de même créé la province de Loreto, ayant pour capitale nominale Moyobamba et comprenant les districts forestiers de Tarapoto, Sarayam, Moyobamba, Loreto, etc., province toute limitrophe du Brésil (1). D'autres postes se trouvaient au sud d'Iquitos, à Nauta (à six milles de l'Ucayali), et au nord de Loreto, à Pebas, le point le plus septentrional du cours du Marañon. Iquitos, simple campement d'abord, devint progressivement un centre où vinrent s'agglomérer les cases indiennes, donnant asile aux naturels de toutes les tribus voisines, chasseurs, pêcheurs, chercheurs de plantes et de résines, bateliers travaillant pour le compte des blancs. Sa population progressa lentement. En 1893 elle était de 5,000 habitants, tandis que Moyobamba n'en comptait qu'un peu plus de 3,000, Nauta 500 et Pebas 250, les Indiens de l'Amazonie péruvienne, au nombre d'environ 20,000, préférant en général s'isoler par familles dans des villages très espacés. Toute cette population, aborigènes ou colons, se partage en trois catégories : les Indiens des bois, qui ont peu de contact avec la civilisation, nomades arrivant parfois dans les colonies pour offrir des canots, de jeunes esclaves, du caoutchouc, du copal en échange d'armes, d'outils ou d'eau-de-vie ; les Indiens *mansos* (apprivoisés), travaillant et se convertissant ; les métis issus d'Espagnols et d'indigènes, puis quelques blancs. Ces derniers exploitent les naturels, dont ils font de vrais esclaves en les soumettant à une absolue sujétion. Aussi les Indiens sédentaires, dont l'intelligence s'arrête à un certain étiage de demi-culture, ont-ils, à tout prendre, une existence moins heureuse que les errants des forêts, sauvages mais indépendants.

En 1896, les territoires de l'Amazone, en vue de s'affranchir des impôts payés à Lima et de l'autorité exercée par des favoris du gouvernement péruvien, voulurent se constituer en un État fédératif indépendant, composé des trois provinces de Loreto, Amazonas, Grao-Para, avec leurs villes principales : Yquitos, Manaos, Para (Belem). Cet État aurait eu, sous le rapport économique, des éléments incomparables de prospérité, puisqu'il aurait possédé de magnifiques richesses naturelles qui, grâce aux communications fluviales extraordinairement avantageuses, auraient rapidement trouvé des débouchés. De plus, les obstacles qui arrêtent actuellement le transit dans ces régions, politiquement réparties entre le Pérou et le Brésil, auraient été écartés en permettant de tendre la main aux républiques sud-américaines avoisinantes, Colombie, Équateur, Bolivie, maintenant empêchées d'exporter leurs produits vers l'Atlantique, par la route de l'Amazone, pendant que les Cordillères leur barrent l'accès du Pacifique.

Le mouvement fédératif eut son foyer à Yquitos (2), et le 10 mai 1896 une proclamation révolutionnaire, partie des bureaux du journal *Independente*, déclara la province de Loreto autonome sous la protection du président de Lima. Ce coup d'État ne résista pas à l'expérience. Ceux qui en avaient été les promoteurs n'eurent ni la capacité ni l'habileté de mettre leur programme sincèrement à exécution. Le gouvernement, issu de la révolution, entra, dès le lendemain de sa constitution, dans la voie des abus. Pour se maintenir, il dut lever des troupes et des contri-

(1) La délimitation des frontières n'a d'ailleurs jamais été faite, et les prétentions du Brésil, du Pérou, de l'Equateur, de la Colombie et de la Bolivie se contrarient les unes les autres.

butions exceptionnelles. Ceux qui l'avaient soutenu l'abandonnèrent lorsqu'ils apprirent que les vaisseaux marchands attendus par le commerce ne descendaient pas l'Amazone, sans doute de peur d'être pillés ou mis en embargo, et que Lima avait suspendu tous rapports avec le Loreto. La panique s'empara des autonomistes à la nouvelle de l'approche des troupes péruviennes et d'un navire de guerre. Ce fut un sauve-qui-peut général. Tous les partisans de l'indépendance se jetèrent dans les bois pour échapper à la contre-révolution. Yquitos, pris par le corps d'armée liménien en septembre, se rendit sans coup férir. La province de Loreto n'en éprouva, il est vrai, pas un dommage appréciable. Les patriotes d'Yquitos se transformèrent en *cahucheros*, et, pour la première fois peut-être dans les annales sud-américaines, ce fut, par un chemin détourné, la révolution qui donna naissance à la fortune des révolutionnaires.

Est-ce à dire que l'idée de l'État fédératif de l'Amazone soit une utopie? Loin de là, et il est probable que l'avenir la réalisera; mais elle s'imposera par la force des intérêts, quand toutes les autres conditions de cette transformation, développement des esprits, entente des efforts coopératifs, organisation du mécanisme commercial et industriel, auront été remplies. Or, il ne faut pas perdre de vue que le mouvement d'Yquitos devait fatalement échouer. Le Para compte 1,149,712 habitants, dont 65,000 occupent sa capitale Belem (Belem do Para); les Amazonas en ont 80,654, dont 10,000 dans la capitale Manaos (Manaos du Barra du rio Negro). Ces deux provinces forment chacune une division administrative du Brésil. Le Loreto, au contraire, est au Pérou. Sa population totale (61,125 habitants) est inférieure à celle de la ville de Belem seule. En outre, Yquitos ne peut mettre en ligne qu'une poignée d'hommes intelligents, ses 5,000 habitants étant pour les quatre cinquièmes des Indiens sans instruction. On ne conçoit pas que ce tout petit groupe d'autonomistes eût été moralement assez puissant pour décider les 2,200,000 Brésiliens à se rallier à leur programme fédératif, et l'on ne peut envisager la tentative avortée de l'émancipation du Loreto que comme un de ces ballons d'essai qu'emporte quelquefois un courant généreux, mais qui crèvent forcément en l'air. Quand l'impulsion partira de Belem, il y aura lieu d'y accorder une plus sérieuse attention; mais alors se posera la question de détacher de la République brésilienne toute cette région du Nord qui, avec ses 3,046,732 kilomètres carrés de superficie, embrasse plus du tiers de son territoire actuel. Et, en supposant cette scission possible, il y aura quelqu'un qui s'opposera ouvertement à l'État fédératif : l'Anglais, maître en fait de tout le bas Amazone, dont il tient entre ses mains les lignes fluviales et par conséquent tous les grands moyens actuels de communication (1).

Charles SIMOND.

(1) Il suffit, pour s'en convaincre, de consulter les statistiques du mouvement commercial et maritime de l'Angleterre dans l'Amazonie brésilienne. Le Brésil a, il est vrai, ouvert la navigation du fleuve à tous les pavillons, mais c'est celui des Anglais qui a la suprématie. Et dire pourtant que, si la France avait simplement usé des droits reconnus par son vieux traité avec le Portugal, nous pourrions être riverains de l'Amazone depuis deux cent quatre-vingt-dix ans au moins!

MANAOS.

LES ANTHROPOPHAGES DU PÉROU (1)

I

LE CAHUCHERO.

Au point de vue de ses communications avec l'extérieur, le Pérou se divise en deux régions : le Pérou du Pacifique et le Pérou de l'Amazone. Le premier, qui écoule ses produits par le Grand Océan, comprend la Côte, la Sierra et quelques vallées hautes de la *Montaña* ou pays des bois. Le second, formé de la majeure partie des immenses territoires qui séparent les Andes du Brésil, a pour capitale effective Iquitos et communique avec le reste du monde par l'Amazone et l'océan Atlantique.

Ces deux régions sont séparées par une zone de forêts considérées comme le domaine des tribus sauvages. Pour traverser cette zone, il y a une voie connue et quelque peu fréquentée : celle qui passe par le nord du Pérou et la province de Moyobamba. Mais c'est précisément parce que ce chemin est connu qu'il me convenait d'en prendre un autre. Tous les autres sont des chemins purement théoriques, se confondant avec le cours des rivières. Quelques-uns ont été explorés : le rio Urubamba par des Français, le comte de Castelnau et Paul Marcoy; l'Apurimac par un Péruvien, M. Samanes; le Péréné par l'ingénieur suisse Arthur Wertheman; le Huallága par des voyageurs de diverses nationalités. La route du Palcazu n'avait été suivie encore que par quelques religieux de l'ordre des *Descalzos*, se rendant de leur couvent d'Ocopa à leurs missions de l'Ucayali. Elle offre l'avantage d'être la plus courte.

(1) Les pages qu'on va lire sont extraites de l'ouvrage intitulé : *Du Pacifique à l'Atlantique*, par Olivier ORDINAIRE. (Paris, librairie Plon.)

Aussi, après avoir examiné, étudié, débattu, revu, récapitulé, balancé le pour et le contre des itinéraires possibles, ce fut celle que j'adoptai.

Entre la côte du Pacifique, où la végétation est médiocre, et les hautes régions de la Cordillère, où elle est chétive, le contraste n'a rien de frappant; il saisit au contraire entre ces mêmes hauteurs et la *Montaña*, qui, sur les flancs des Andes occidentales, se revêt, jusqu'à la zone escarpée de la *ceja*, de magnificence tropicale. Dans les premières forêts, remplies partout du tumulte des ruisseaux, et çà et là du tonnerre des cascades, le regard est moins attiré par les dimensions des arbres, encore moyennes, que par certaines formes rares ou inconnues dans les bois d'Europe, par des feuilles aux découpures inattendues, des branchages en strates curieuses d'où pendent des chevelures de lianes, par de hautes ombelles emmanchées de tiges légères.

Dans la vallée même de Huancabamba, à 1,600 mètres d'altitude, la végétation est loin d'être aussi luxuriante que dans certaines autres *quebradas* voisines, par exemple dans celle du Chanchamayo, qui est comme enfouie sous les bois. Le sol y est alternativement couvert de forêts et de pâturages, graminées et cyperacées, où l'on élève des bœufs, mais qui sont impropres à l'entretien des moutons. Les parties boisées étant de beaucoup les plus fertiles, les colons les défrichent pour y établir leurs plantations, dont ils expédient les produits au Cerro de Pasco à dos de mules ou de lamas.

J'ai assisté à l'opération du *rozo* ou déboisement. On abat et on laisse sécher sur place les menues essences, puis on y met le feu, laissant sur pied les grands arbres, dont les squelettes roussis se dressent çà et là, comme les baliveaux d'une coupe.

Si la vallée de Huancabamba n'est pas d'une fertilité de premier ordre, surtout au Pérou, son climat est aussi agréable que salubre. Sa colonie se compose de deux hameaux : Lucuma et Le Tingo, et de seize haciendas, y compris celles de la vallée adjacente de Chorobamba. Après le maïs, qui pour la plupart des *Serranos* ou habitants de la Sierra est la base de l'alimentation, son plus important produit est la canne à sucre, dont on extrait le sirop dans des *trapiches* ou moulins, pour le transformer en tafia. On y cultive diverses racines farineuses, telles que le *yucca* (manhiot Aïpi) et l'*arracacha* (arracacha esculenta), mais la pomme de terre, excellente à l'étage immédiatement supérieur, par exemple à Chipa, y perd ses qualités. Là est précisément la limite entre la précieuse solanée, originaire du Pérou, et sa proche parente la *camote* ou patate douce (1).

Huancabamba n'a pas, à proprement parler, de population

(1) Le nom primitif de la pomme de terre est le mot quichua *papa*, qui a prévalu au Pérou, même parmi la population européenne, sur celui de *patata*, qui sert, dans ce pays, à désigner le tubercule de saveur sucrée connu aussi sous

indigène, car on ne peut considérer comme siens les sauvages Campas qui viennent s'y promener de temps à autre par petites bandes. Les travaux de culture y sont confiés à des Quichuas de la Sierra acclimatés et que l'on nomme *Fronterizos* ou Indiens de frontière. Ces Fronterizos travaillent dans les conditions suivantes : qu'ils habitent à l'hacienda même ou dans quelque cabane isolée, ils ont le droit d'élever, pour leur consommation, des poules, des cochons et des vaches, et de cultiver sur le domaine tout le terrain qu'ils peuvent, pendant le temps qu'ils ne doivent pas au propriétaire et qui, d'après leurs engagements, est d'une

UNE VALLÉE DE L'UCAYALI.

semaine par mois. Les trois autres semaines leur étaient payées, à l'époque de mon passage, à raison de 40 *centavos* ou 40 sous par jour, ce qui représentait pour le patron une dépense beaucoup moindre, car il payait une partie de la somme due en marchandises : vêtements, ustensiles ou eau-de-vie, et le reste en billets de banque péruviens, qu'il pouvait se procurer à Lima à un change des plus avantageux. On voit donc que si les Fronterizos vivent heureux, ils ne peuvent avec ce système songer à s'enrichir. En

le nom de *camote*. (Le mot quichua qui signifie « père » est *tayta*.) Dans le département de Junin, les Indiens cultivent une trentaine de variétés de pommes de terre. La plus estimée des Européens est la *papa amarilla*, ovoïde et d'un jaune d'or. Les indigènes préfèrent la *mauna* et la *schiri*, aussi très riches en fécule et qu'ils consomment de préférence sous forme de *chuno*, c'est-à-dire après les avoir fait bouillir puis geler au grand air.

définitive, leur sort me parut préférable à celui des coolies chinois de la côte, dont les cahutes s'entassent aux alentours des haciendas où se fait le sucre.

Les *Fronterizos*, ayant reçu de moi, avec la prime convenue, leur congé définitif, reprirent après deux jours de repos le chemin de Huancabamba. J'avais à engager de nouveaux compagnons, et, dans ce but, je fis une tournée dans les panguchis, établis pour la plupart sur les points culminants de la pampa. Un jeune Campa, élevé chez don Guillermo Franzen et sachant quelques mots d'espagnol, me servait d'interprète, quand je n'arrivais pas à me faire comprendre par signes, et avec ce que j'avais appris de langue antis. Les *Gentils* du Palcazu me parurent à la fois plus fiers et plus hospitaliers que les indigènes de la Sierra, qui baisaient la manche de mon paletot en me donnant à haute voix le qualificatif de *Taïta* (père) et dans le fond du cœur celui de *Gringo* (Grec). En résumé, tous me reçurent amicalement, mais aucun ne voulut prendre avec moi d'engagement avant le retour de don Guillermo, qu'ils appelaient le *Capitan* et qui était alors occupé loin de là, à une récolte de caoutchouc. Voilà comment il se fait que je passai plus d'une semaine à la bouche du Chuchurras, ce dont je ne me plaignis pas, car je n'aurais pu choisir un lieu plus propice pour les études géographiques, ethnographiques, et même commerciales, qui étaient le but de mon voyage.

Don Guillermo Franzen, le cahuchero du Chuchurras, est un colon originaire du Holstein, et sa femme, doña Juana, une Péruvienne de Moyobamba. Quand ils vinrent, il y a sept ou huit ans, s'installer au Palcazu, il existait entre la Cordillère du Yanachaga et les Cerros de San Mathias une douzaine de familles campas. Ils surent les attirer à eux, se les attacher même par de réels bienfaits. De nombreux couples d'infidèles ne tardèrent pas à se joindre aux premiers. Ils sont aujourd'hui plus de soixante, disséminés il est vrai dans un cercle de plusieurs lieues de rayon, car les Campas, se nourrissant surtout de chasse, ne peuvent vivre agglomérés, mais en constante relation avec le *Capitan*.

D'autres colons n'ont pu obtenir des Antis un travail utile. Tout mon secret, me dit don Guillermo, est de leur créer des besoins, pour leur procurer ensuite, comme prix de leurs services, le moyen de les satisfaire. C'est ainsi qu'il leur avait fait cadeau de six fusils et leur vendait la poudre. Les Antis savent fabriquer de toutes pièces leurs robes ou *cusmas*, dont les cotonniers que l'on voit près des Panguchis fournissent la matière première. Mais ils filent sans rouet et tissent sur le plus rudimentaire métier. Et comme il leur faut, dans ces conditions, un temps considérable pour confectionner l'étoffe d'une *cusma*, les tissus de fabrique ont à leurs yeux une grande valeur. A l'époque de mon voyage, beaucoup souffraient d'ophtalmie, mal fréquent et contagieux dans la

Montaña. Don Guillermo hâtait leur guérison en leur lavant les yeux avec une faible dissolution d'alun. Je n'ai pas besoin de dire qu'ils payaient en caoutchouc ce remède, de même que les quelques autres substances pharmaceutiques dont il leur avait fait apprécier l'emploi. Enfin, par sa présence même, il les protégeait contre les agressions des bandits cosmopolites, marchands de chair humaine, qui font dans toute la région sauvage de continuelles expéditions. Les colons de l'école de don Guillermo sont les véritables conquérants de la Montaña.

Il pouvait récolter, avec ses Campas, environ mille arrobes de caoutchouc par an, et chaque arrobe, qu'il vendait à Iquitos de 50 à 60 francs, lui revenait, d'après son calcul, à moins d'un franc (1).

Les Antis sont de taille moyenne, bien découplés, sveltes sans maigreur. Ils ont la main et le pied petits. On voit parmi eux des éphèbes de quatorze à seize ans, à la physionomie grave et douce,

(1) Des deux espèces de caoutchouc que le bassin de l'Amazone fournit à l'industrie, l'une provient en très grande partie du Pérou, c'est le *jebe* ou *caoutchouc ordinaire*. Pour l'extraire du *siphocampylus*, arbre dont la hauteur dépasse rarement quinze mètres, on commence par faire à la base du tronc une incision en V, et on reçoit dans un sac le *latex* ou suc laiteux qui en sort et contient la précieuse substance sous forme globulaire. Quand l'écoulement a cessé, on coupe l'arbre et, soit sur sa tige étendue à terre, soit sur ses principales branches, on pratique de nouvelles saignées distantes les unes des autres d'environ un mètre. On verse dans un trou creusé en terre le liquide peu fluide recueilli aux entailles, et pour en hâter la coagulation, on y ajoute le suc d'une liane connue sous le nom de *sacha-camote*. On l'en retire sous la forme d'un gâteau gris, plus ou moins épais, et qui noircit à la surface. Par ce procédé, et en abandonnant les racines et les menues branches, on extrait d'un *siphocampylus* en pleine force une arrobe de caoutchouc (14 kilogr. 690 grammes), y compris le *sernambillo*, que l'on recueille en fils, après l'opération principale, aux lèvres des entailles, et que l'on met en pelotes. L'arbre étant de bois tendre, un homme habile peut exploiter un pied en une demi-journée.

Je fis observer à don Guillermo que le fait de couper l'arbre pour en extraire plus vite le suc laiteux me semblait être le comble de l'imprévoyance.

Il me répondit qu'il est impossible de prendre au *siphocampylus* sa gomme élastique sans le tuer, que les vers l'attaquent à l'entaille et le pourrissent, que les vieux pieds, d'ailleurs, produisent moins que les jeunes, et que sur la souche de l'arbre abattu pousse un rejet qui est à son tour exploitable au bout de quinze ans. Un peu plus, il allait me démontrer que s'il y a du caoutchouc dans les bois, c'est aux cahucheros qu'on le doit. Cependant, le *siphocampylus* a considérablement diminué, depuis quelques années, au bord des principaux tributaires de l'Amazone, et, pour le trouver aujourd'hui en grandes quantités, il faut pénétrer au cœur des forêts ou remonter jusqu'aux *cabeceras* des rios secondaires comme le Palcazu.

Le *seringa* (*Hevea Guianensis*), dont le bois est moins mou, ne s'abat pas, mais se pique sur pied, et le même arbre peut être exploité pendant vingt ans, avec deux mois seulement de repos par an. Chaque matin le *seringuero* va lui faire sa piqûre pour recevoir le latex dans un gobelet qu'il colle à l'écorce. Cette méthode exige des soins et surtout une régularité de travail qui répugnent au caractère des Antis. D'ailleurs, le procédé le plus commode pour coaguler la sève du seringa est de l'exposer à la fumée produite par la combustion du fruit de l'assaï, palmier très abondant au Brésil, mais qui ne se trouve pas ou est rare dans les parties hautes du bassin de l'Amazone. Voilà pourquoi l'hévéa, très exploité au Brésil, l'a été très peu jusqu'à ce jour dans les vallées du Pérou.

Les missionnaires baptisèrent l'hévéa du nom de *seringa* (seringue), en considération de l'usage auquel la Providence leur semblait avoir spécialement destiné le caoutchouc.

aux formes d'une parfaite élégance. Mais, sous l'action continuelle du grand air, leur figure se creuse de rides précoces, innombrables stries qu'ils cherchent en vain à dissimuler sous des peintures au génipa et au rocou. Une certaine obliquité dans les lignes des yeux, le nez plus au moins camus, et les saillies des joues rappellent vaguement le type mongolique. Ils sont imberbes. S'il y a des exceptions à cette règle, elles sont, je crois, fournies en réalité par des métis. Leur teint est bistré plutôt que bronzé, leur chevelure noire, sans reflets, abondante et longue, dure au toucher, comme une crinière. Aucun costume ne leur sied mieux que celui qu'ils

CONFLUENT DU MARAÑON ET DE L'UCAYALI.

confectionnent eux-mêmes de toutes pièces, et qui se compose du *madzeri* orné d'une plume, de la *cusma* pareille à une toge, d'un brun sombre qui s'harmonise avec les tons de la forêt, et d'une écharpe de grains qu'ils portent majestueusement comme un cordon maçonnique.

Chez eux, le sexe fort est en même temps le beau sexe. Ils ont cependant d'assez jolies filles, aux formes arrondies, voire même un peu replètes, comme la belle Shumo dont je fis la photographie dans le bois, à côté d'un tronc de cédrel que venaient de couper les Antis pour en faire un canot. Le temps, qui leur raye la figure d'une patine prématurée, n'épargne qu'une chose en elles, leurs dents, qui sont toujours immaculées. Elles portent des bracelets de coton ourdis sur le bras même, des chapelets de graine de styrax, des colliers de dents de singe ou d'osselets taillés en croix. Enfin les plumes jouent un rôle important dans leur parure : chatons multicolores tombant sur la poitrine ou le dos, guirlandes de

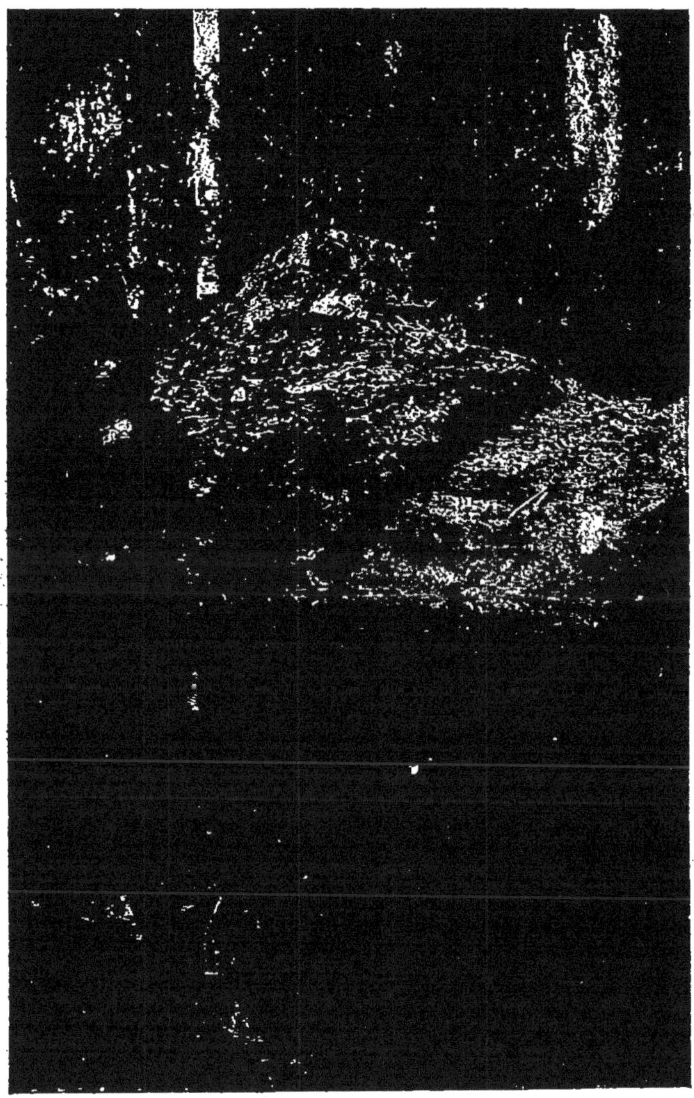

LA BELLE SHUMO.

tanagras et de colibris, que les Campas savent préparer comme d'habiles empailleurs, gorges et collerettes empruntées à des ailes d'ara ou de coq des roches.

Les Campas tiennent peut-être le culte du soleil des Incas, qui ont cherché vainement à les englober dans leur empire.

II

LES CANNIBALES.

Parmi tant de races dispersées sur le sol péruvien, un petit nombre sont, à des degrés différents, entachées de cannibalisme. Les explorateurs et les missionnaires représentent comme telles les *Capanahuas* et les *Mayorunas* de la rive droite de l'Ucayali, et, dans la Montaña comprise entre ce fleuve et les Andes, les *Ruanahuas* et les *Cashibos*, dont le nom, d'après le Père Calvo, signifie *en langue pana*, vampire ou suceur de sang.

La race des Ruanahuas a disparu, comme tant d'autres, à moins qu'ils n'eussent appartenu à quelque tribu détachée des Mayorunas. Quant aux *Cashibos*, ils ont commis, depuis un siècle, et commettent encore assez de méfaits pour que leur existence ne puisse être révoquée en doute. En faisant connaître quelques-unes de leurs victimes, parmi lesquelles fut le Père Francès, le premier missionnaire qui s'arrêta parmi eux (1763), les *Annales franciscaines* les représentent comme étant un objet d'horreur et de haine pour tous les autres Indiens.

Les circonstances qui suivirent le meurtre des deux officiers de marine West et Tavara, et que M. Raimondi rapporte lui-même dans son *Histoire de la géographie du Pérou*, fournirent au consciencieux savant la preuve que le cannibalisme des Cashibos est une question de goût ou d'appétit autant que de religion.

En 1866, le gouvernement péruvien confia la mission d'explorer le Pachitea au petit vapeur *Putumayo*, auquel appartenaient les deux officiers. Le *Putumayo*, en remontant le fleuve, fit une avarie à *Chonta-Isla* et dut séjourner plusieurs jours en cet endroit, qui paraît être le *Puerto Desgraciados* des anciens missionnaires. Pendant qu'on réparait le bateau, des Cashibos apparurent sur une plage et engagèrent, par signes, les marins à aller à eux. West et Tavara, répondant à l'invitation, abordèrent ladite plage, dans un canot qu'ils avaient chargé de présents de toutes sortes. Les sauvages reçurent les cadeaux avec des transports de joie, après quoi, voulant compléter la fête, ils assommèrent les deux officiers et les emportèrent dans le bois, pour les manger (1).

L'année suivante, le *Putumayo*, accompagné de deux autres vapeurs de la flotille armée, que le gouvernement péruvien possédait alors sur l'Amazone, revint au Pachitea, dans le but de continuer l'exploration interrompue et de châtier les coupables. Les

(1) *El Peru*, tomo III. Lima, Imprenta del Estado, calle de la Rifa, nº 58, 1879.

Cashibos furent surpris dans l'intérieur de la forêt, à deux lieues de la plage de Chonta-Isla, au moment où ils étaient en pleine orgie, sans doute à l'occasion de la mort d'un des leurs. On leur prit quatorze enfants et trois femmes, dont l'une était l'épouse du chef, nommé Yanacuna. Elle écumait de rage, dit le rapport du colonel Arana, commandant de l'expédition, et ressemblait à une véritable furie. Interpellée au sujet de la mort des deux marins, non seulement elle avoua le crime, mais, poussée par la vengeance, elle alla chercher, dans un coin de sa case, un petit collier de dents humaines à demi calcinées et le jeta aux pieds du colonel, comme pour évoquer la scène de cannibalisme qui avait suivi l'assassinat.

Les Cashibos, effrayés par les détonations, avaient d'abord pris la fuite, mais ils ne tardèrent pas à reparaître en faisant retentir la forêt de clameurs sinistres, et ils attaquèrent à leur tour avec un courage et un acharnement extrêmes. Leur nombre augmentait à chaque instant et l'issue de la lutte eût été fatale pour le colonel Arana, sans les ordres qu'il avait fort heureusement donnés, avant de débarquer, aux commandants des vapeurs mouillés au milieu du fleuve. Les sauvages s'étant massés sur la plage pour couper la retraite aux blancs, les pièces d'artillerie, dont ils ne pouvaient soupçonner l'existence à bord des bateaux, se démasquèrent subitement et en firent un effroyable massacre.

On ne voit pas chez les Cashibos d'éphèbes aux formes sveltes. Ils ont le nez plus épaté que les Campas, le ventre plus proéminent et les jambes relativement grêles. Ils sortent généralement nus; toutefois, ils se couvrent, dans leurs cases, de très courtes cusmas Les plus redoutées de leurs tribus sont celles des *Buninahuas* et des *Puchanahuas*. Il semble même que ce soient les seules qui se livrent à la chasse de l'homme, considéré comme gibier. Ils assomment pour les manger, outre leurs parents sur le déclin de l'âge, les femmes qui n'ont pas eu d'enfants et tout individu majeur qui, pour un motif ou un autre, ne peut pourvoir à sa subsistance.

Les *correrias* qui ont pour objet la destruction de ces êtres monstrueux sont réputées légitimes et utiles. Malheureusement, sous prétexte de Cashibos, on fait la chasse à des tribus complètement inoffensives.

Il existe actuellement, sur les bords du Pachitea et de l'Ucayali, une centaine de *Cashibos mansos* ou apprivoisés.

Les petits sauvages qui ont été pris au nid sont généralement bien traités par leurs propriétaires, dont les bons procédés sont intéressés. Même dans ces conditions, plus de moitié meurent peu de temps après leur capture. Combien en resterait-il si on les malmenait? La coutume est qu'ils appellent le maître de la maison *papa*, qu'il ait été ou non le tueur de leurs véritables parents, et sa femme *mama*. Quand ils sont assez forts, on les émancipe dans une certaine mesure en les envoyant rejoindre les travailleurs qui, répandus par groupes dans la forêt, récoltent le caoutchouc. On leur donne alors un *machete*, une hache, de la fariña, quelques ustensiles de chasse et de pêche, quelquefois même un fusil. En

INDIENS CONIBOS.

même temps, on établit leur compte.... Ils payent en caoutchouc. Mais il faut qu'ils renouvellent leurs provisions. On leur a fait connaître aussi le rhum et le genièvre. Quels que soient leurs efforts, ils n'arrivent jamais à s'acquitter. Beaucoup n'y songent même pas. S'il plaît à leur maître de faire un coup de commerce ou de

FACTORERIE AMAZONIENNE.

quitter le pays, il les vend ou, ce qui revient au même, il vend *leur dette*. De sorte qu'ils changent assez souvent de *papa*.

A ces Indiens soumis viennent s'en joindre d'autres, *Piros*, *Conibos*, etc., et qui sont libres, mais qui, étant depuis longtemps en relation avec les blancs, ont contracté des goûts qu'ils ne peuvent satisfaire qu'en donnant aussi leur contingent de travail. Ce sont ceux-là qui, pour payer leurs dettes, s'adonnent avec le plus d'ardeur aux *correrias*, la chair vivante ayant plus de valeur encore que le *jebe*.

Les Cashibos *Mansos*, qu'ils soient nés de parents soumis eux-mêmes ou qu'ils aient été pris en bas âge; sont très recherchés des colons, non pour leur intelligence, — sous ce rapport, les Antis, que l'on voit peu mêlés à d'autres sauvages, leur sont supérieurs, — mais pour leur courage à la besogne et leur soumission. Ils savent que leur race est proscrite et qu'ils ne sont tolérés, même des autres Indiens, que parce qu'ils sont asservis.

Je n'avais, pour descendre le Pachitea, que deux compagnons, et c'étaient précisément deux de ces Cashibos.

Dans les quarante-sept lieues que nous fîmes ensemble, du Pichis à l'Ucayali, nous aperçûmes, du milieu du fleuve, trois ou quatre campements d'Indiens, tous chercheurs de caoutchouc. En passant devant leurs carbets, les Cashibos ne manquaient pas de les héler. Et, sans arrêter le canot, ils échangeaient avec eux de courtes phrases rappelant le colloque de la sentinelle et du passant qui s'est engagé sur un chemin de ronde. Mais au lieu de crier : « Qui vive? » ou « Qui êtes-vous? », ils se demandaient mutuellement : « A qui êtes-vous? » et se répondaient : « Nous sommes à un tel », ou encore : « Nous sommes les enfants d'un tel. »

Nous arrivâmes à *Chonta-Isla* entre quatre et cinq heures du soir. Buninahuas et Puchanahuas ont déserté les rives du Pachitea pour se réfugier dans les vallées de l'Aguaïtia et du Pisqui, où l'on ne tardera pas, sans doute, à les détruire jusqu'au dernier.

Le site de Chonta-Isla, alors même que les hauts faits des Cashibos ne l'eussent pas signalé à mon attention, serait resté dans ma mémoire. Là se trouvent les seuls rochers que j'aie vus dans tout mon voyage, du Palcazu à l'Atlantique. Hauts de trois à quatre mètres, ils forment, au pied de la forêt, un socle continu, entourant une série de bassins où le moindre coup de rame est répété par un écho. En sortant de ces encaissements, le fleuve baigne l'île de *Chonta* ou du *Palmier noir*. Dans cette île, en face même de la plage du Massacre, j'aperçus, du canot, un grand toit ou *galpon* couvert de palmes, et, sur la berge, un Indien dont la lèvre supérieure était marquée d'un point lumineux que je ne m'expliquai pas d'abord. Nous abordâmes. L'Indien était un *Conibo*, et le point brillant était une patène d'argent de la grosseur d'une pièce de cinquante centimes, objet que les Conibos ont coutume de se suspendre sous le nez, dont la cloison médiane est, à cet effet, percée d'un trou. Il portait, en outre, plantée comme une vrille, dans la lèvre inférieure, une petite broche de bois guillochée.

Ce Conibo me présenta sa famille, qui se composait de deux épouses, l'une vieille et l'autre jeune, de deux marmots et d'un poupon de sept mois que je regrettai de ne pouvoir expédier au docteur Hamy (1), avec l'appareil qui lui comprimait le cerveau et qui consiste en deux planchettes assujetties par un bandeau, l'une sur le front, l'autre sur l'occiput. Pressée entre ces deux règles, la boîte cranienne, non encore soudée, ne peut se développer que dans le sens de la hauteur et prend la forme d'une mître qui, pour les Conibos, les Sipibos et les Shétébos, est la forme qui convient le mieux à une tête. Le seigneur de Chonta-Isla me vendit des colliers, des chapelets de *schacapa* (*Cerbera Peruana*), fruits à grelots que ces Indiens s'attachent aux mollets pour danser, des *cayanas*, vases de terre ornés de dessins et qui, pour être fabriqués par des sauvages, sont des objets d'une finesse et d'un galbe remarquables, un *uchate*, petit couteau à lame courbe qu'ils ont coutume de porter au cou, pendu à une tresse (2).

Un orage étant imminent, je pris la résolution d'abord de dîner à Chonta-Isla, où les Conibos étaient en train de griller des *pacos* et des *gamitanos*, excellents poissons, puis d'y coucher. Aussitôt le repas terminé, mon hôte se glissa, avec ses deux femmes et ses trois enfants, sous une vaste moustiquaire dressée à terre. Ce que voyant, je m'étendis moi-même sur une *barbacoa* (3), et me couvris de ma moustiquaire.

Le lendemain, en me réveillant à la pointe du jour, je vis de grandes taches rouges sur l'une des manches de ma chemise, et je reconnus que la main qui sortait de cette manche était pleine de sang. M'étant lavé et minutieusement examiné, je me découvris au bout du petit doigt une minuscule blessure. C'était une plaie capillaire produite par la dent pointue d'un *murcielago* (*Phyllostoma hastatum*), chauve-souris-vampire, de la grosseur d'une pie, que les Indiens de l'Ucayali désignent aussi sous le nom de *Cashibo*. Soit que l'affreuse bête fût entrée sous la moustiquaire, soit que dans un mouvement inconscient j'eusse jeté la main en dehors, elle s'était repue à mes dépens et sans me réveiller. Ce fait suffirait, à défaut d'autres, pour m'ôter l'envie d'aller *manger ma retraite* à Chonta-Isla, car on sait que les *murcielagos* reviennent sans cesse se gorger sur l'individu, homme ou bête, dont ils ont une fois goûté le sang.

En quittant l'île du Palmier noir, j'avais un nouveau compagnon.

(1) Le docteur Hamy est le professeur d'anthropologie du Muséum de Paris.
(2) On peut voir, pour les dessins, la collection de l'auteur au Musée du Trocadéro, à Paris.
(3) Lit ou table de *cana brava* soutenu par quatre pieux.

C'était un singe de la famille des Chrysothrix, que l'on nomme, dans la Montaña, les *Fraïlecitos* ou Petits Moines, à cause de leur robe grise, comme celle des missionnaires d'Ocopa. Non seulement il n'était pas grimacier, mais on peut dire qu'avec sa figure lisse, son nez rose, ses grands yeux ronds, très noirs, c'était un joli petit singe.

PAYSAGE AMAZONIEN.

Ce fut toute une affaire pour partir, et si je ne l'avais pas attaché au pamacari, il se serait jeté à l'eau. Il ne voulait absolument rien entendre, et criait de toutes ses forces en tendant les bras aux femmes du Conibo, qui lui faisaient des signes d'adieu de la rive.

Jusqu'à ce jour il s'était appelé *Rino*, mot qui, *en langue pana* (1), signifie singe, et comme il était, dans l'espèce simienne, un vrai grillon, puisqu'il ne mesurait guère plus d'un pied, quand il

(1) Les Conibos, les Sipibos, les Shétébos et les Cashibos parlent des dialectes d'une même langue, à laquelle les Descalzos donnèrent le nom de langue pana, venant des Indiens Panas qui se groupèrent autour de leur mission de Sarayacu, et dont il ne reste qu'un très petit nombre.

INDIENNES ET MÉTISSE (DU PÉROU).

se dressait sur ses mains de derrière, je changeai en celui de *Riquet*. Il était né dans les forêts du Sacrement, où il avait un beau jour dégringolé du faîte d'un cédrel, pendu au cou de sa mère que venait d'atteindre une flèche de sarbacane (1).

Quand Riquet eut complètement perdu de vue les rives de Chonta-Isla, il devint un peu plus sociable, et quand nous arrivâmes, le 1er décembre au soir, à l'embouchure du Pachitea sur l'Ucayali, nous étions les meilleurs amis du monde. Sa manie était de se mettre à califourchon sur mon bras, qu'il serrait de toutes ses forces lorsque je voulais l'envoyer faire de l'équitation ailleurs. Il aimait aussi à s'installer sur le dos de Pescador qui me consultait du regard pour savoir s'il devait tolérer une telle familiarité. Très réservé d'ailleurs à l'égard des étrangers, il ne se laissait saisir que par moi. Sa nourriture se composait à peu près exclusivement d'insectes, et il leur faisait une chasse active, surtout à ceux qui vivent dans les feuilles des arbres.

Un jour que j'avais quitté le fleuve pour passer sur un de ces petits lacs ou *cochas* qui forment, sous bois, de chaque côté de l'Ucayali, d'interminables chapelets, mes compagnons indiens, après avoir harponné de gros poissons, débarquèrent pour chasser des *paojils* dont ils avaient entendu le gloussement. Ne pouvant les suivre à travers les fourrés, je les attendis sur la rive en compagnie de mon chien Pescador et de Riquet, qui semblait tout heureux de cette occasion de batifoler dans les branches.

Au bout d'un instant, j'entendis un bruit confus, étrange concert de jacasseries traversées de notes aiguës, et que je crus d'abord produit par des gosiers d'oiseaux.

Les larynx de plusieurs centaines de chrysothrix faisaient ce vacarme, qui ne tarda pas à remplir les voûtes de la forêt, et je me trouvai tout à coup au milieu d'une fourmilière de singes. Ils étaient de la couleur et de la taille de Riquet, qui se perdit au milieu de la cohue. Ils passèrent comme un vol d'oiseaux, se dirigeant tous dans le même sens, comme s'ils eussent été à la poursuite les uns des autres. J'avais vu disparaître les dernières queues et le bruit s'éteignait au loin, quand revinrent mes deux Indiens apportant une paire de paojils. — Riquet, me dis-je, a retrouvé sa famille : tant mieux pour Riquet ! Je le sifflai cependant deux ou trois fois, pour l'acquit de ma conscience, puis, ne voyant rien venir, j'entrai dans la pirogue, qui en quelques coups de rames regagna l'Ucayali.

Nous descendions le fleuve, rapide en cet endroit, quand j'en-

(1) Les Conibos réservent l'arc pour la pêche et chassent à la sarbacane, dont le projectile est une très petite flèche, pareille à une aiguille à tricoter, munie d'une tête ou bourre de coton à l'une des extrémités, et enduite à l'autre de *curare*. Bien que l'animal dont une de ces aiguilles a percé la peau meure empoisonné, on peut le manger sans crainte, le curare n'exerçant pas son action toxique par les voies digestives.

tendis une voix connue. C'était la voix de Riquet, qui avait quitté ses camarades pour revenir à son maître. Comme nous ne pouvions aborder, il suivit le canot, sur la rive, pendant plus d'une demi-heure, courant sur les branches, disparaissant dans les balisiers, passant sa tête effarée à travers les feuilles, criant à s'égosiller. Dès qu'il nous fut possible d'approcher, il me sauta sur l'épaule, s'y cramponna, et, à plusieurs reprises, frotta, en guise de caresse, sa frimousse à ma figure. En même temps sa voix se veloutait : aux cris perçants de tout à l'heure succédaient de petits *hous-hous* flûtés. Pescador lui-même fut touché d'une telle conduite, car, pour la première fois, je le vis lécher Riquet. Pauvre *Fraïlecito!* il eût mieux fait de rester dans le bois!

Au confluent du Pachitea et de l'Ucayali, où j'arrivai le 1er octobre, je trouvai un véritable village cosmopolite. J'y vis des Allemands, des Péruviens, des Portugais, des Brésiliens, des blancs et des métis qui, tous, avaient dans leurs chalets aux parois de clayonnage des dépôts de marchandises, pour payer leurs équipes et trafiquer avec les Indiens chercheurs de caoutchouc et autres.

Mes guides cashibos me firent atterrir devant l'habitation d'un Péruvien qui voulut bien me prendre en pension jusqu'à l'arrivée, considérée comme très prochaine, d'un vapeur sur lequel je pourrais m'embarquer pour continuer mon voyage.

C'est en 1866 qu'apparut le premier bateau à vapeur sur l'Ucayali, et ce fut ce *Putumayo* qui, la même année, s'engagea sur le Pachitea, où deux de ses officiers eurent le sort que l'on sait. En l'an de grâce 1885, plusieurs petits bateaux ou *lanches* à vapeur, jaugeant de deux à cent tonnes, desservaient l'Ucayali, qu'ils remontaient le plus souvent jusqu'au Pachitea, apportant aux colons, une ou deux fois par mois, leurs approvisionnements, et chargeant, comme principaux frets de retour, du caoutchouc et du poisson salé.

J'avais des notes à prendre à l'embouchure du Pachitea et j'aurais attendu patiemment la *lanche* annoncée, n'eût été le supplice vraiment atroce que devaient m'infliger, en cet endroit, les *mosquitos*, les *zancudos*, les *tabanos*, les *garapatas* et autres insectes, qui pullulent sur les bords des grands affluents de l'Amazone, particulièrement de l'Ucayali, où ils déploient une fiévreuse activité.

Non contents de se repaître sur ma figure et sur mes mains, les *mosquitos* ou *pions de jour* traversaient mon pantalon de leurs suçoirs et me mettaient les jambes en chairs vives.

La tête du mosquito, vue à la loupe, ressemble, avec sa trompe et ses yeux bombés, à une tête de scaphandre. Pendant la succion, son ventre rougit et se gonfle comme une groseille.

Le mosquito travaille de l'aube du jour à la nuit, et, à l'instant même où il s'arrête, entre en campagne le *zancudo* aux longues jambes brisées comme celles d'une araignée, à la trompe en écouvillon, à la piqûre profonde.

Je crus un jour trouver un soulagement en me roulant sur une pelouse verte... Quand je me relevai, j'étais couvert d'insectes sans ailes, sortes de petits crabes rougeâtres qui de toutes leurs pattes et mandibules s'enfonçaient dans ma peau. On doit éviter

CANAL RIMACHUNA (AMAZONIE).

de se gratter pour ne pas envenimer les piqûres. Mais il en est de cette règle comme de beaucoup d'autres ! Elle est plus facile à formuler qu'à suivre. On se gratte si bien, que beaucoup de colons ont des plaies, particulièrement des plaies aux jambes, qui parfois tournent mal et vous clouent un homme au lit pendant des semaines et des mois.

Il me fallut un courage que je n'hésiterai pas à qualifier d'héroïque pour monter, au bord du fleuve, mon appareil photographique, *mettre au point,* les mains dévorées par les féroces diptères, ôter et remettre l'obturateur, et prendre ainsi une demi-douzaine de vues. Ces vues ont pour moi du prix, car je ne suppose pas qu'il en existe d'autres du même lieu, et je suis sûr que jamais, au

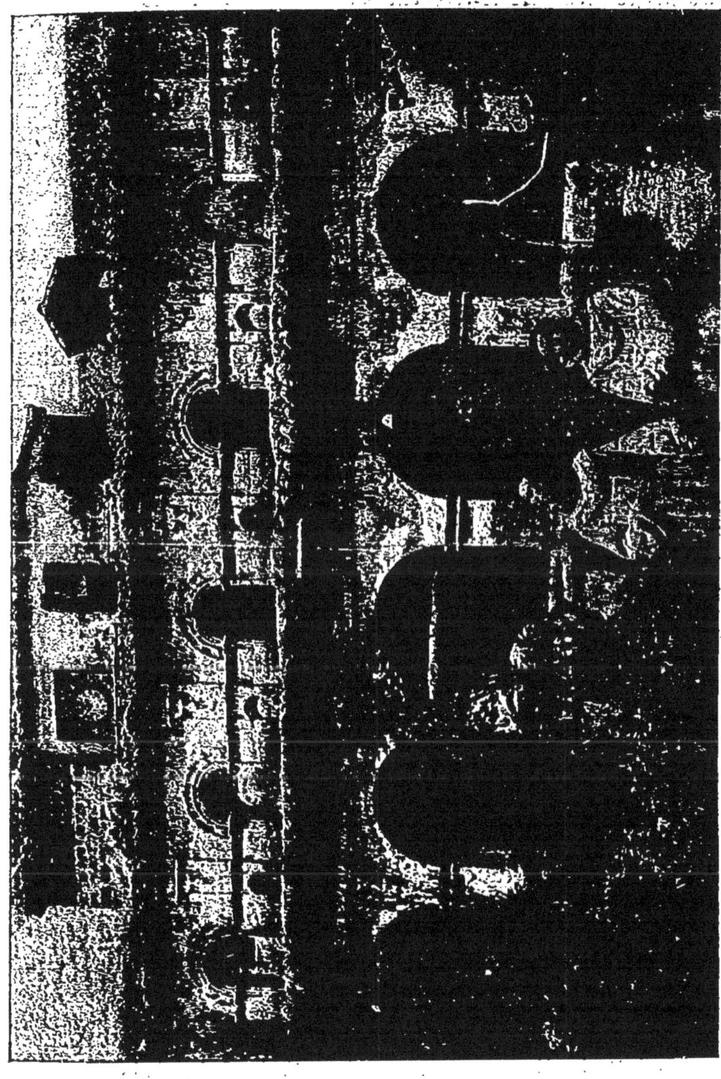

MOINES DESCALZOS DE L'AMAZONIE PÉRUVIENNE.

grand jamais, un peintre paysagiste ne s'installera devant un chevalet, au bord de l'Ucayali, pour y faire un tableau.

L'embouchure du Pachitea, où viennent toutes sortes d'Indiens, serait, sans ces maudits moustiques, un observatoire ethnographique hors pair. Là je vis des *Piros* du haut Ucayali, dont la cusma munie d'un capuchon ressemble au burnous arabe, des *Amahuacas* ou *Impetiniris*, derniers représentants d'une race détruite par les Piros, quelques *Panos*, descendants de la seule tribu qui s'abstint, après s'être convertie, de massacrer ses missionnaires, et surtout des *Conibos*, des *Sipibos* et des *Séthébos*, qui doivent à leurs habitudes de brigandage le surnom de *Harpies de l'Ucayali* (1).

Ces sauvages désignent les autres sous le nom de *Nahuas*. mot qui, dans leur langue, signifie *infidèles*. Et bien que leurs trois familles soient, à n'en pas douter, issues d'une même souche. parlent la même langue, aient les mêmes croyances religieuses, chacune d'elles se considère comme plus noble que les deux autres.

Les Indiens-Harpies sont supérieurs aux autres par leur aptitude au dessin, par l'élégance des jambages et des arabesques dont ils savent orner leurs poteries. Mais ils sont eux-mêmes de forme peu artistique. Le Conibo surtout est épais et lourd; sa tête semble lui rentrer dans les épaules. De plus, il a l'épiderme tellement raboteux, que certains voyageurs le représentent comme ayant le corps enveloppé d'une écorce. Cet aspect squameux est dû, au moins en partie, aux piqûres des insectes. Le dard du mosquito fait apparaître sur le derme des points sombres formés de sang coagulé qui, en se multipliant, finissent par former une croûte que les Conibos ont coutume de recouvrir d'une couche de teinture de *genipa*. Et ils donnent à cette peinture noire, suivant la place qu'elle occupe, la forme d'un gant ou d'un bas, d'un cothurne ou d'une mitaine. Cette cotte de mailles, que traverse facilement le suçoir du *zancudo*, rend un peu moins douloureuse la piqûre du *mosquito*.

La religion des Conibos, qui a certaines analogies avec celle des Campas, est une sorte de spiritisme renforcé de magie. Leurs prêtres, médecins ou sorciers, auxquels ils donnent les noms de *mucroyas* et de *yutumis*, peuvent, suivant eux, guérir ou provoquer les maladies, par leurs relations secrètes avec le diable ou *Yurima*. Ces prêtres-médecins commencent par exorciser les malades qui ont recours à eux, puis ils appliquent les lèvres à la place indiquée comme étant le siège de la douleur, et aspirent avec force, faisant l'office de ventouses. Ils prétendent retirer ainsi d'imperceptibles échardes de *chonta* que le diable a fait entrer dans le corps du patient et qui sont la cause de son mal.

L'entrée dans l'ordre des yutumis ou mucroyas est précédée d'un noviciat, retraite de deux mois pendant laquelle l'aspirant est soumis à un jeûne rigoureux. Pour toute nourriture, on lui donne chaque jour une portion congrue de bananes bouillies. Du matin au soir, il fume une pipe à court tuyau d'os de singe et dont le fourneau de bois a la contenance d'une de ces dames-jeannes en porcelaine que fument les Allemands. Enfin, il lui est interdit,

(1) On donne aussi ce nom aux Piros, qui ne valent pas mieux.

pendant cette retraite, de parler à qui que ce soit, si ce n'est au mucroya chargé de son initiation.

Les Sipibos considèrent comme étant yutumis de naissance des Indiens *Cocamas* du district de Nauta, dont un certain nombre habitent la vallée basse de l'Ucayali. C'est pourquoi il les ont en très respectueuse considération. Si un Sipibo refuse de vous vendre un objet auquel il tient, sa pirogue par exemple, allez chercher un Cocama et chargez-le de faire le marché pour votre compte; le Sipibo lui laissera la pirogue pour la moitié du prix que vous aviez offert, dans la crainte que le Cocama, usant de son pouvoir infernal, ne lui souffle dans le corps des barbes de chonta.

Les yutumis sont craints et obéis de tous ceux qui les entourent.

La partie essentielle du culte des Harpies est l'évocation des esprits. Les réunions ont lieu au clair de lune : le mucroya, très orné, la tête chargée d'une espèce d'abat-jour en feuilles échancré sur la figure, se tient d'abord dans une petite cabane. Sa voix, que l'on entend du dehors, débute par une sorte de murmure, s'enfle peu à peu et finit par dévenir tonitruante. S'étant mis de cette manière en communication avec un esprit ou *Tuté*, il se présente à l'assemblée, qui est silencieuse et béante comme s'il allait se passer un événement considérable. Si le Tuté ne répond pas, il l'appelle avec fureur, s'agite comme un énergumène, fait des gestes désespérés. Lorsque le Tuté daigne paraître, il l'annonce aux assistants pour que ledit Esprit continue à être invisible, et il leur parle en son nom.

Ce qu'il y a de curieux, c'est que les sauvages ont fait avec ce système, sans le vouloir ni le savoir peut-être, plus de prosélytes parmi les colons de la Montaña, où l'on compte il est vrai beaucoup de métis, que les missionnaires n'ont fait de convertis parmi les sauvages.

Je demandai à l'un des Brésiliens qui demeurent à l'embouchure du Pachitea si les Conibos croient réellement aux sortilèges. — « Non seulement ils y croient, me répondit-il, mais ils en font. — Hum! hum! me disait un autre, à propos de l'évocation des Esprits, on trouve parfois chez les Indiens des vérités que les civilisés reconnaissent plus tard. » Enfin, la plupart de ceux que je mettais sur ce chapitre se tiraient d'embarras avec les deux mots stéréotypés de l'Amérique du Sud : *Quien sabe? Qui sait?*

A quelques pas de l'habitation du négociant cahuchero qui m'hébergeait, il y avait une sorte de hangar servant d'habitation à une dizaine de Conibos, dont la principale occupation était, pour le moment, de réparer les toits en feuilles de la colonie, les Conibos étant renommés, de même que les autres Harpies, pour leur habileté à ce travail. Ces Indiens sachant se faire comprendre en espagnol, soit que les missionnaires des deux derniers siècles aient introduit dans leur idiome quelques mots de cette langue, soit qu'ils les aient appris des colons, je me proposai, tout en arrivant, de cultiver des relations avec eux. Ils me reçurent bien les premiers jours, puis je m'aperçus que mes visites leur étaient devenues suspectes.

Il y avait d'ailleurs, dans la colonie, un grave sujet d'inquiétude.

La petite vérole venait de se déclarer, précisément dans la nation des Conibos. Or, la petite vérole, que les Campas appellent *chami* et les Harpies *muru*, est, dans la Montaña, un terrible fléau qui détruit parfois en quelques semaines les trois quarts d'une tribu. Importée au Mexique, suivant Ulloa, par un esclave noir de Narvaez, elle passa rapidement dans l'Amérique du Sud, où elle fait plus de ravages peut-être que la fièvre jaune, qui ne sévit que sur les côtes. Inutile de dire que la vaccine est inconnue chez les sauvages.

Que les Conibos me fissent froide mine, cela me laissait calme. En revanche, le dard des moustiques commençait à m'exaspérer.

Depuis plus de dix jours, j'endurais l'horrible torture, et la *lanche* n'arrivait pas !

Sachant que la nébuleuse d'insectes venimeux dont on est sans cesse enveloppé dans ces parages est moins dense vers le milieu du fleuve que sur les bords, je pris le parti de continuer mon voyage en canot.

Pour me procurer une embarcation, je dus m'adresser aux Conibos, qui me la refusèrent d'abord, puis, se ravisant, s'engagèrent à me fournir une pirogue et un guide jusqu'au territoire des Sipibos.

L'Ucayali est un superbe fleuve, profond de six à huit brasses, large de cinq cents à mille mètres, et particulièrement imposant à l'embouchure du Pachitea, qui fait irruption jusqu'au milieu de son lit. La ligne de séparation des deux fleuves, qui courent quel-temps côte à côte avant de mêler leurs eaux, est marquée par une file d'arbres flottants tombés, la plupart sous le poids des ans, les uns dans le haut Ucayali, les autres dans le Pachitea. Des îlots, morceaux de berge détachés de la terre ferme, passent avec des arbres restés debout et qui sont comme les dais de cette procession sans fin.

Au bout de trois heures de navigation, pendant lesquelles je n'échangeai avec mon compagnon que peu de mots, j'aperçus d'assez loin, sur la rive droite, un *galpon* de Conibos pareil à celui où j'avais passé une nuit dans l'île de Chonta.

A peu près en même temps que la cabane, je découvris, à environ deux cents mètres plus loin, six canots rangés sur la rivière en ordre de bataille. Je braquai mes jumelles dans cette direction, et je reconnus qu'ils étaient montés par une trentaine de sauvages armés de fusils, d'arcs, de sarbacanes et de *macanahs,* sortes de massues en bois qui ont la forme d'une épée à deux mains.

— Que font là ces guerriers? demandai-je à mon guide.

Mais, pendant que j'avais la lunette aux yeux, le traître s'était étendu tout de son long dans la pirogue, et il ne répondit mot.

Il était temps que je prisse un parti.

Continuer à descendre debout ou assis, c'eût été répondre exactement à l'attente des Harpies et leur donner toute facilité pour

TYPES INDIENS.

mettre à exécution leur dessein de me tuer. M'aplatir entre les rebords de l'embarcation, c'était éviter peut-être les flèches empoisonnées, mais seulement pour être assommé à coups de *macanah*. Je ne pouvais non plus songer à fuir en remontant le fleuve, les Conibos étant des rameurs hors de pair, qui m'eussent rejoint et enveloppé en peu d'instants.

Tandis que je raisonnais ainsi la situation, avec autant et plus peut-être de lucidité d'esprit que s'il se fût agi d'une partie de dames ou d'échecs, mes yeux tombèrent pour la seconde fois sur la cabane, dont le courant m'avait rapproché.

Je me rappelais alors que les Conibos, aussi bien que la plupart des autres sauvages, ont une extrême répugnance à verser le sang, fût-ce celui de leur mortel ennemi, dans l'intérieur de la case qu'ils habitent. C'est pourquoi j'abordai d'un vigoureux coup de rame, et courus à ladite cabane, laissant mon infâme pilote faire le mort dans le canot.

Il y avait en ce moment sous le galpon deux femmes qui prirent la fuite à ma vue, comme si j'eusse été le diable en personne. Elles se retournèrent cependant pour me faire les plus laides grimaces que l'on puisse voir, et cracher deux ou trois fois très précipitamment de mon côté, dans le but paraît-il de m'exorciser, ou, pour mieux dire, de conjurer mon influence néfaste.

Un grondement de Pescador, à qui je dus imposer brutalement silence, m'avertit du débarquement des Harpies que j'attendais, adossé à une *barbacoa*, la main droite appuyée sur mon fusil qui n'était plus qu'un fusil à un coup, l'air de la Montaña, généralement saturé d'humidité, ayant oxydé l'une de ses batteries. Je constatai en cette occasion la supériorité de l'instinct du chien sur celui du singe, car tandis que j'avais grand'peine à faire entendre raison à Pescador, qui, le poil tout hérissé, voulait aller à la rencontre de l'ennemi; Riquet, inconscient du danger que courait son maître, faisait la chasse aux araignées.

Un jeune sauvage devançant les autres me cracha, pour ainsi dire, ces mots à la figure : — Tu nous as apporté la peste!

Mais il fut aussitôt gourmandé lui-même par le *yutumiz*, qui, à trois pas derrière, arrivait en tête de la bande et qui lui demanda, d'une voix courroucée, de quoi il se mêlait.

Je m'empressai d'abonder dans le sens du chef :

— Je n'ai pas, dis-je, à m'expliquer avec ce *muchacho*, mais je suis prêt à répondre au mucroya.

— Tu es accusé, me répéta celui-ci, de nous avoir donné le *muru !*

— Pourquoi?

— Le *muru* est entré chez nous en même temps que toi!

— Le *muru* vient dans l'air, comme l'*oco* (le rhume). Comment aurais-je pu l'apporter?... Dans mon corps? Le sage yutumiz ne le croira pas, car il sait que l'homme qui a le muru dans le corps est agité par la fièvre et ne peut se tenir debout. Dans ma valise? je l'ouvrirai devant vous tous, et vous constaterez que rien de ce qu'elle renferme ne ressemble au muru!

En entendant mes dernières paroles, le vaurien que l'on m'avait accolé comme guide, et qui après mon débarquement avait rejoint les autres, alla chercher mes effets, accompagné d'une partie de la bande.

— Vous voyez, repris-je en vidant la valise sur la barbacoa, qu'il n'y a point de muru là dedans.

Et m'adressant au chef :

— Tout cela est pour toi, lui dis-je, je veux être l'ami des Conibas de l'Ucayali, comme je le suis de ceux du Pachitea, qui ne m'auraient pas donné les objets, précieux pour moi, que tu as vus dans la pirogue, s'ils m'avaient cru capable de cacher le muru dans mon sac.

Le mucroya prit tout, même les chaussettes, inutile superfluité pour des Harpies, même la valise, même la petite provision de vivres que je m'étais procurée à l'embouchure du Pachitea, après quoi, ayant consulté le *Tuté* à voix basse, il déclara que véritablement ce n'était pas moi qui avais apporté le muru. Puis, sans autre transition, il m'invita à boire le *massato* (1) de l'amitié.

Un *mocahua*, sorte de coupe en terre cuite ornée de dessins, et contenant ladite boisson, passa de main en main et de bouche en bouche. Et je trempai mes lèvres dans ce breuvage, que les Conibos avaient préparé pour fêter ma mort. Les deux femmes dont mon arrivée avait si fort troublé les esprits, et qui avaient reparu à la suite du sexe fort, remplissaient à tour de rôle le mocahua dans une jarre enterrée jusqu'au col sous le galpon, et dont la contenance pouvait être de cinquante à soixante litres.

Sachant que l'instinct féroce de ces sauvages reprend facilement le dessus quand ils sont ivres, je me hâtai de m'esquiver, et montant seul, cette fois, dans la pirogue avec Pescador et Riquet, je m'éloignai aussi rapidement que possible.

J'arrivai le lendemain au rio Tamaya, que je pris d'abord pour un bras de l'Ucayali, car le courant semblait plutôt y entrer qu'en sortir. Une famille péruvienne était établi à son embouchure.

En attendant le retour du *Loreto*, tel était le nom du vapeur qui devait m'emmener, je lavai dans le Tamaya mon unique paire de chaussettes et ma dernière chemise, le dos garanti des moustiques, sous ma cusma.

Le *Loreto* arriva enfin. Il fit une station à l'entrée du rio Sarayacu. J'ai accompagné le capitaine dans sa visite aux trafiquants de ce village, mais sans mon chien, qui en entrant chez des colons avait eu plusieurs fois maille à partir avec des singes de grande espèce. C'est pourquoi je l'attachai à l'un des supports de la tente. Or, je traversais le lac en pirogue, avec le capitaine et deux Indiens, quand l'un de ces derniers, assis à la proue et me faisant face, poussa l'exclamation : « El perro ! » (*Le chien !*) En voyant le canot s'éloigner, Pescador avait sauté, pour le suivre, par-dessus le bastingage peu élevé qui entoure le pont du *Loreto*, et s'était ainsi pendu à sa corde. Puis, un homme d'équipe ayant eu, au lieu de

(1) Sorte de bouillie de fruits, le plus souvent de bananes, ayant ou non fermenté, et plus ou moins étendue d'eau.

le hisser, la malheureuse idée de couper ladite corde, il s'était élancé vers le canot. A l'exclamation de l'Indien je me retournai, et je vis mon pauvre chien poursuivi par six caïmans qui étaient sortis du fouillis de plantes aquatiques de la rive. J'avais laissé mon fusil à bord du vapeur, mais, l'eussé-je tenu tout armé, je n'eusse certes pas réussi à le sauver, car à peine l'avais-je vu, nageant de toutes ses forces, le cou tendu vers moi, qu'un des sauriens le saisit dans ses formidables mâchoires et plongea aussitôt. Mes yeux s'attachèrent à la place où ils avaient disparu, et je vis longtemps des bulles d'air monter à la surface de l'eau jaunâtre, d'où je conclus que Pescador était dévoré en cet endroit même, au fond de l'étang. Des cinq autres caïmans, deux avaient plongé à la suite du premier, et les trois autres étaient retournés philosophiquement à leur embuscade.

Olivier Ordinaire.

INDIEN PEBA.

www.ingramcontent.com/pod-product-compliance
Ingram Content Group UK Ltd.
Pitfield, Milton Keynes, MK11 3LW, UK
UKHW020405250726
13967UKWH00006B/2479